ME ENCANTA LAVARME LOS DIENTES

I LOVE TO BRUSH MY TEETH

Shelley Admont
Ilustrado por Sonal Goyal y Sumit Sakhuja

www.kidkiddos.com
Copyright©2013 by S. A. Publishing ©2017 by KidKiddos Books Ltd.
support@kidkiddos.com

All rights reserved. No part of this book may be reproduced in any form or by any electronic or mechanical means, including information storage and retrieval systems, without written permission from the publisher or author, except in the case of a reviewer, who may quote brief passages embodied in critical articles or in a review.
Second edition

Translated from English by Laura Bastons Compta
Traducción al inglés de Laura Bastons Compta

Library and Archives Canada Cataloguing in Publication Data
I Love to Brush My Teeth (Spanish Englsih Bilingual Edition)/ Shelley Admont
ISBN: 978-1-5259-1241-2 paperback
ISBN: 978-1-77268-618-0 hardcover
ISBN: 978-1-77268-281-6 eBook

Please note that the Spanish and English versions of the story have been written to be as close as possible. However, in some cases they differ in order to accommodate nuances and fluidity of each language.

Para aquellos que más quiero -S.A.
For those I love the most-S.A.

Llegó la mañana y el sol brillaba en el bosque lejano. Allí, en una casa pequeña, vivía el pequeño conejito Jimmy, con sus padres y sus dos hermanos mayores.

Morning came and the sun was shining in the faraway forest. There, in a small house, lived little bunny Jimmy, with his parents and two older brothers.

Mamá entró a la habitación que Jimmy compartía con sus hermanos.

Mom came into the room that Jimmy shared with his brothers.

Primero besó al hermano mayor, quien dormía plácidamente en su cama azul, y después le dio un beso al hermano del medio, que todavía dormía en su cama verde.

First she kissed the oldest brother, who slept peacefully in his blue bed. Next she gave a kiss to the middle brother, who was still sleeping in his green bed.

Finalmente, mamá fue a la cama naranja de Jimmy y le dio un beso.
Finally, Mom went to Jimmy's orange bed, and gave him a kiss.

—¡Buenos días, niños!—dijo mamá—. Es hora de levantarse.
"Good morning, children," said Mom. "It's time to rise."

Tras levantarse de la cama, el hermano mayor se fue al baño.
Getting out of bed, the oldest brother made his way to the bathroom.

—¡Guau! —gritó—. ¡Tengo un cepillo de dientes nuevo! Es azul, mi color favorito. ¡Gracias, mamá! Y empezó a cepillarse los dientes.
"Wow!" he shouted, "I have a brand-new toothbrush! It's blue, my favorite color. Thank you, Mom." He started to brush his teeth.

El hermano del medio lo siguió.
—¡Yo también tengo un cepillo de dientes nuevo y el mío es verde! —exclamó, mientras también empezaba a cepillarse los dientes.
The middle brother followed him. "I have a new toothbrush as well, and mine's green!" he exclaimed and also began to brush his teeth.

Jimmy se levantó de la cama y caminó lentamente hacia el baño. "¿Por qué molestarme en cepillarme los dientes?" pensó. "Mis dientes están bien como están."

Jimmy got out of bed and walked slowly towards the bathroom. *Why even bother brushing my teeth?* he thought. *My teeth are fine as they are.*

—Mira, Jimmy —dijo su hermano mayor—. Tú también tienes un cepillo de dientes nuevo. Es naranja como tu cama.
"Look, Jimmy," said his oldest brother, "you have a new toothbrush too. It's orange like your bed."

—Así que tengo un nuevo cepillo de dientes, ¡gran cosa!—. Jimmy se detuvo frente al espejo, pero aún así no empezó a cepillarse los dientes.
"So I have a new toothbrush, big deal." Jimmy stood in front of the mirror, but he still didn't start brushing his teeth.

—Chicos, ¡daros prisa! El desayuno está casi listo —oyeron que decía suavemente su madre—. ¿Habéis terminado todos de cepillaros los dientes?
"Kids, hurry up! Breakfast is almost ready," they heard their mother's soft voice.
"Has everyone finished brushing their teeth?"

—Yo terminé —contestó el hermano mayor saliendo del baño.
"I've finished," answered the oldest brother and ran out of the bathroom.

—Yo también —respondió el hermano del medio, corriendo hacia la cocina tras su hermano.
"Me too," replied the middle brother. He ran after his brother to the kitchen.

—Mamá, yo también terminé de cepillarme los dientes —gritó Jimmy. Y estaba a punto de salir del baño cuando oyó una voz.
"Mom, I finished brushing my teeth too," shouted Jimmy. He was just about to leave the bathroom, when he heard a voice.

—Está mal mentir —dijo la voz—. No te haz cepillado los dientes.

"It's not nice to lie," the voice said. "You didn't brush your teeth."

—¿Quién dijo eso? —preguntó Jimmy, mirando a su alrededor confundido.
"Who said that?" asked Jimmy as he looked around in confusion.

—Aquí —respondió la voz—.
"Over here," was the reply.

Parado sobre el mostrador, frunciéndole el ceño, estaba su nuevo cepillo de dientes naranja. ¡Jimmy no podía creer lo que estaba viendo!
Frowning at him was his new orange toothbrush, standing on the counter. He just couldn't believe his eyes!

—Un cepillo de dientes no puede hablar —dijo Jimmy con voz sorprendida.
"A toothbrush can't talk," he said in a stunned voice.

—Por supuesto que puedo. Soy un cepillo de dientes mágico —dijo el cepillo—. Mi trabajo es hacer que todo el mundo se cepille los dientes.
"I sure can. I'm a magical toothbrush," said the toothbrush proudly. "My job is to make sure **EVERYONE** brushes his teeth."

Jimmy soltó una carcajada.
—Yo no me lavé los dientes y no me pasó nada malo.
Jimmy laughed in response. "I didn't brush my teeth and nothing bad happened to me."

—Mírate —dijo el cepillo—. Tus dientes están amarillos y tu aliento huele horriblemente mal.
"Look at yourself," the brush said. "Your teeth are yellow and your breath smells terrible."

—Eso no es cierto, cepillo. ¡Te lo estás inventando! —Jimmy cogió el cepillo de dientes y lo lanzó lejos, apuntando a la esquina del cuarto de baño.
"That's not true, brush. You're just making it up!" Jimmy took the toothbrush and threw it far into the corner of the bathroom.

A continuación, corrió a la cocina para desayunar.
Then he ran into the kitchen to have his breakfast.

—Esa no es manera de tratarme —dijo el cepillo—. Soy un cepillo de dientes mágico. ¡Te demostraré lo importante que soy!
"That's no way to treat me," shouted the toothbrush. "I'm a magical toothbrush. I'll prove how important I am!"

En este momento, Jimmy ya se había sentado en la mesa de la cocina junto a sus hermanos.
By this time, Jimmy was already sitting down next to his brothers in the kitchen.

Había cogido un emparedado y se disponía a llevárselo a la boca. Pero, entonces, el emparedado saltó desde las manos de Jimmy al plato de su hermano mayor.

He took a sandwich and brought it to his mouth. But then the sandwich jumped out of Jimmy's hands right onto the plate of his oldest brother.

En lugar del emparedado, Jimmy se había mordido los dedos, ¡y lo había hecho con mucha fuerza!
Instead of the sandwich, Jimmy had bitten his fingers — hard!

—¿De quién es este emparedado?—preguntó el hermano mayor.
"Who does this sandwich belong to?" the brother asked.

—Mi emparedado se me escapó —respondió Jimmy—. ¡Es mío!
"My sandwich ran away from me," answered Jimmy. "It's mine!"

—Tienes una gran imaginación, cariño. ¿Cómo puede escaparse un bocadillo? —preguntó su madre.
"Quite an imagination you have, sweetie. How can a sandwich run away?" his mother said.

—No sé cómo, pero eso es lo que pasó —dijo Jimmy.
"I don't know how, but that's really what happened," said Jimmy.

*Entonces, mamá le dio un plato lleno de ensalada.
—Mira, tal vez prefieras comer una deliciosa ensalada en lugar de eso —dijo la madre.*
Then, Mom gave him a big plate full of salad. "Here, perhaps you would like to eat a delicious vegetable salad instead," she said.

—Qué rico, me encanta la ensalada —dijo Jimmy, a punto de empezar a comer. De repente, el plato de ensalada saltó encima de la mesa y fue a parar junto a su hermano del medio.
"Yummy, I love vegetable salad," said Jimmy, about to start eating. Suddenly, the salad plate leaped up and settled down on the table near his middle brother.

—Mira —dijo el hermano mediano—. ¿Cómo ha venido a parar aquí tu plato?
"Look," said the middle brother, "how did your plate get over here?"

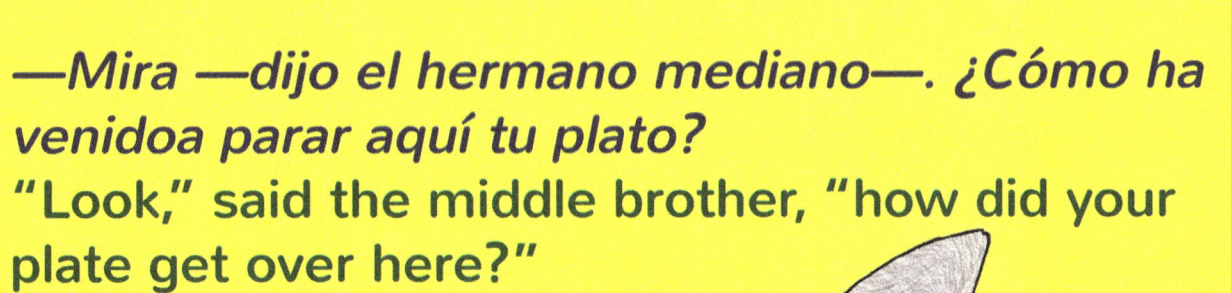

—¡Tenías razón, cariño! ¡La comida huye de ti! —dijo su madre, asombrada—. ¡Esto es muy raro!
"You were right, honey! Your food is running away from you!" said their astonished mom. "That's strange."

—Mamá, tengo hambre. ¿Qué puedo comer? —dijo Jimmy.
"Mom, I'm getting hungry already. What can I eat?" said Jimmy.

Mamá pensó por un momento.
—¿Qué tal tu pastel de zanahoria favorito? Te voy a dar una gran porción.
Mom thought for a moment. "How about your favorite carrot cake? I'll give you a big slice."

—¡Oh!, ¡Sí, pastel de zanahoria! —gritó Jimmy con gran alegría—. ¡Gracias, mamá!
"Oh yes, carrot cake! I love it so much," Jimmy shouted happily, "Thanks, Mom."

Sin embargo, antes de que Jimmy pudiera comerse el pastel, éste empezó a flotar en el aire.
However, before Jimmy could take the cake, it began to float in the air.

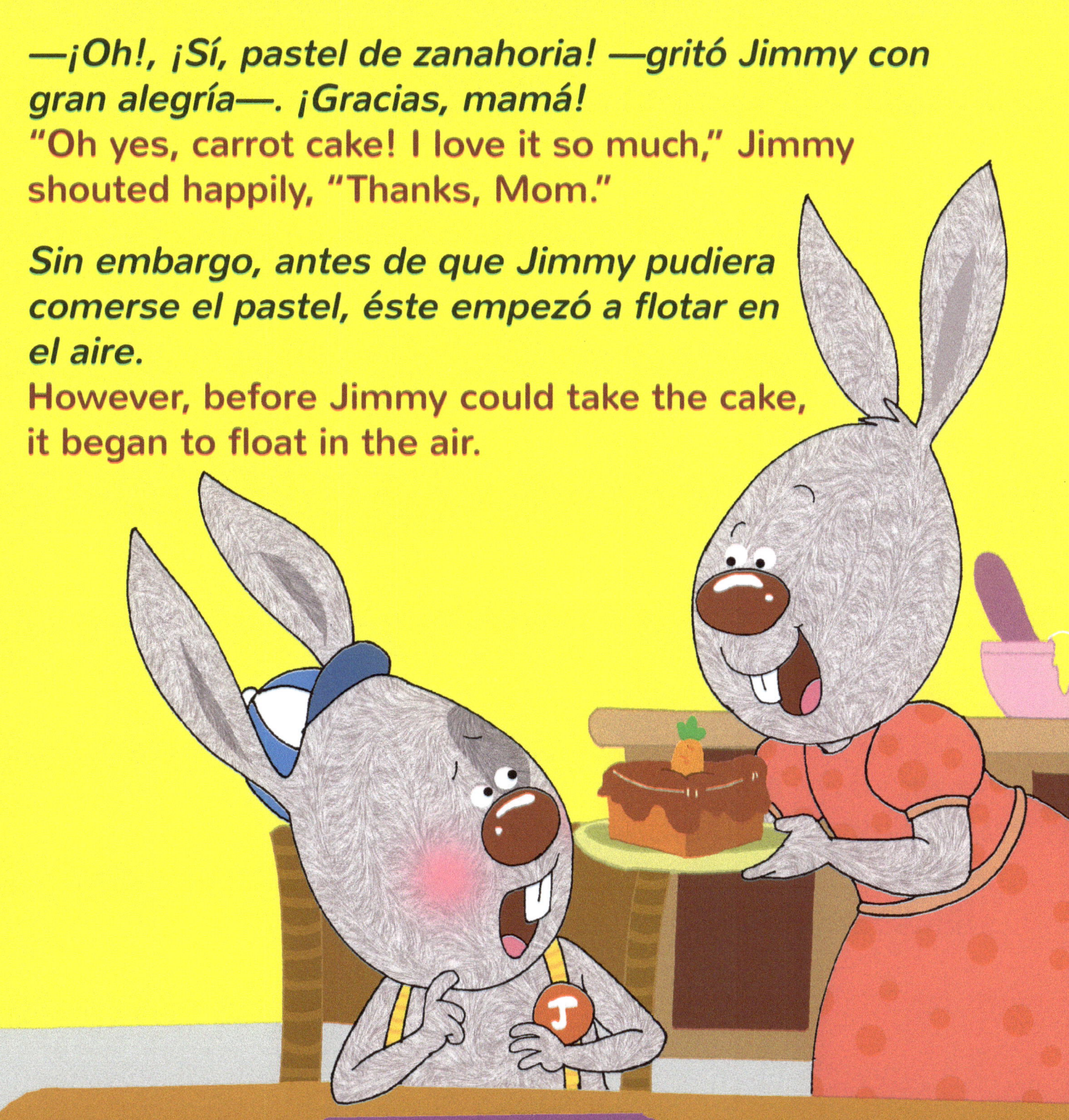

Jimmy empezó a perseguir el pedazo de pastel.
Jimmy started chasing the piece of cake.

Saltó sobre el sofá, pero la tarta regresó a la mesa.
He jumped on the sofa, but the cake zoomed back to the table.

Jimmy volvió corriendo a la mesa y luego la tarta voló fuera de la casa. Jimmy corrió tras ella.
Jimmy ran back to the table and then the cake flew out of the house. Jimmy rushed after it.

El pastel daba vueltas alrededor de la casa mientras Jimmy corría tras él. Otra vuelta y otra vuelta, y Jimmy seguía persiguiendo a su pastel.
The cake looped around the house while Jimmy trailed behind it. Another round and another and another, and still Jimmy followed.

Hasta que, por fin, se quedó sin aliento. Cansado, Jimmy se sentó en la entrada de la casa y empezó a llorar.
Until he had run out of breath. Tired, Jimmy sat down at the entrance of the house and started crying.

En ese mismo momento, dos de sus amigos pasaban por delante de la casa.
At the same moment, two of his friends were passing by.

—!Hola Jimmy!—saludaron—, ¿Porqué te ves tan triste? ¡Ven a jugar con nosotros!
"Hey, Jimmy," they greeted. "Why are you sitting here looking so sad? Come play with us."

—¡Sí, me gustaría! —dijo Jimmy corriendo hacia ellos—. ¡No creerán lo que me ha pasado hoy!

"Yes, I'd like that!" Jimmy ran towards them. "You won't believe what happened to me today!"

Pero, en cuanto abrió la boca, sus amigos dieron un paso atrás mientras le decían:

But, as he opened his mouth, the friends shouted,

—¡Ay, qué olor! Iremos a jugar a otro sitio mientras te cepillas los dientes—. Y salieron corriendo.

"Yikes, what a stink! We'll go play somewhere else while you go brush your teeth!" With that, they ran away.

Estallando en llanto una vez más, Jimmy entró a su casa.
Bursting into tears yet again, Jimmy entered the house.

Se fue al baño y vio cómo el cepillo de dientes mágico estaba dando vueltas en el aire.
He went to the bathroom and saw the magical toothbrush flying in the air.

—¡Hola, Jimmy! Te he estado esperando. ¿Quieres cepillarte los dientes ahora? —Jimmy asintió con la cabeza.
"Hello, Jimmy. I've been waiting for you. Do you want to brush your teeth now?" Jimmy nodded.

Entonces, Jimmy comenzó a cepillarse los dientes, de un lado a otro, de arriba a abajo, de delante hacia atrás.

Jimmy started brushing his teeth, from one side to the other, top and bottom, front and back.

Se cepilló los dientes hasta que quedaron blancos y brillantes.

He brushed his teeth until they became white and shiny.

Contemplando con orgullo su reflejo en el espejo, Jimmy dijo:
—¡Gracias, cepillo! Cepillarme los dientes ha sido incluso agradable y divertido.
Gazing proudly at his reflection in the mirror, Jimmy said, "Thank you, brush. It was even nice and pleasant to brush my teeth. I now have sweet-smelling breath too."

—¡Se te ve bien! —dijo el cepillo—. Por cierto, me llamo Leah y estaré siempre aquí para ayudarte.
"You look great," said the brush. "By the way, my name is Leah. I'm always here to help."

Así fue como Jimmy y Leah se hicieron grandes amigos.
That's how Jimmy and Leah became good friends.

Desde ese día, se ven dos veces al día para proteger los dientes de Jimmy, ayudándoles a que crezcan fuertes y sanos.

Ever since that day, they've seen each other twice a day to protect Jimmy's teeth and help them grow strong and healthy.

www.ingramcontent.com/pod-product-compliance
Lightning Source LLC
Chambersburg PA
CBHW061131070526
44584CB00033B/4294